PETIT
ALPHABET RELIGIEUX

A l'usage des jeunes enfants.

PETIT
ALPHABET RELIGIEUX

DES

JEUNES ENFANTS,

POUR

LEUR APPRENDRE A LIRE.

« Laissez venir à moi les petits enfants. »

Wazemmes,

HOREMANS, IMPRIMEUR-LIBRAIRE,

Rue de Lille, 130.

MEMORARE.

Prière en l'honneur de la Sainte-Vierge, composée par Saint-Bernard.

Souvenez-vous, ô très-douce Vierge Marie, que jamais on n'a ouï dire que personne ait eu recours à votre protection, imploré votre assistance ou demandé votre intercession, et que vous l'ayez abandonné. Animé d'une pareille confiance, je cours vers vous, ô Vierge des vierges et notre Mère! je me réfugie à vos pieds, et, tout pécheur que je suis, j'ose paraître devant vous en gémissant. Ne méprisez pas, ô Mère de mon Dieu, mes humbles prières; mais rendez-vous-y propice, exaucez-les et intercédez pour moi auprès de votre cher fils. Ainsi soit-il.

TOUT A JÉSUS PAR MARIE.

ALPHABET.

Lettres Minuscules.

a b c d e f g h
i j k l m n o p q r
s t u v w x y z
æ œ ff fi ffi fl ffl &.

Lettres Majuscules.

A B C D E F G H
I J K L M N O P
Q R S T U V W
X Y Z Æ OE.

Lettres Minuscules.

a b c d e f g h i j k l m n o p q
r s t u v w x y z æ œ ff fi fl ffl &.

Lettres Majuscules.

A B C D E F G H I J K
L M N O P Q R S T U V
W X Y Z Æ OE.

A	e	i	o	u	xa	xe	xi	xo	xu
ba	be	bi	bo	bu	ya	ye	yi	yo	yu
ca	ce	ci	co	cu	za	ze	zi	zo	zu
da	de	di	do	du					
ea	ee	ei	eo	eu	A	e	i	o	u
fa	fe	fi	fo	fu	ab	eb	ib	ob	ub
ga	ge	gi	go	gu	ac	ec	ic	oc	uc
ha	he	hi	ho	hu	ad	ed	id	od	ud
ja	je	ji	jo	ju	af	ef	if	of	uf
la	le	li	lo	lu	ag	eg	ig	og	ug
ma	me	mi	mo	mu	al	el	il	ol	ul
na	ne	ni	no	nu	am	em	im	om	um
oa	oe	oi	oo	ou	an	en	in	on	un
pa	pe	pi	po	pu	ap	ep	ip	op	up
qua	que	qui	quo	qu	ar	er	ir	or	ur
ra	re	ri	ro	ru	as	es	is	os	us
sa	se	si	so	su	at	et	it	ot	ut
ta	te	ti	to	tu	au	eu	iu	ou	uu
va	ve	vi	vo	vu	ax	ex	ix	ox	ux

✝ Au Nom du Père, et du Fils et du Saint-Esprit. Ainsi soit-il.

L'ORAISON DOMINICALE.

Notre Père, qui êtes dans les cieux, que votre Nom soit sanctifié; que votre règne arrive; que votre volonté soit faite en la terre comme au ciel : donnez-nous aujourd'hui notre pain de chaque jour, et pardonnez-nous nos offenses, comme nous pardonnons à ceux qui nous ont offensés, et ne nous laissez point succomber à la tentation ; mais délivrez-nous du mal.

Ainsi soit-il.

LA SALUTATION ANGÉLIQUE.

Je vous salue, Marie, pleine de grâce, le Seigneur est avec vous, vous êtes bénie entre toutes les femmes, et Jésus, le fruit de vos entrailles, est béni.

Sainte Marie, Mère de Dieu, priez pour nous, pauvres pécheurs, maintenant et à l'heure de notre mort. Ainsi soit-il.

LA PROFESSION DE FOI.

Je crois en Dieu, le Père tout-puissant, créateur du ciel et de la terre, et en Jésus-Christ, son Fils unique notre Seigneur; qui a été conçu du Saint-Esprit, est né de la Vierge Marie : a souffert sous Ponce-Pilate : a été crucifié : est mort, et a été enseveli : est descendu aux enfers, le troisième jour est ressuscité des morts :

est monté aux cieux, est assis à la droite de Dieu le Père tout-puissant; d'où il viendra juger les vivans et les morts.

Je crois au Saint-Esprit; la sainte Eglise catholique; la communion des Saints; la rémission des péchés; la résurrection de la chair; la vie éternelle.

Ainsi soit-il.

LA CONFESSION DES PÉCHÉS.

Je confesse à Dieu tout-puissant, à la bienheureuse Marie toujours Vierge, à saint Michel Archange, à saint Jean-Baptiste, aux saints Apôtres saint Pierre et saint Paul, à tous les Saints, et à vous, mon Père, que j'ai beaucoup péché, par pensées, par paroles, par actions et par omissions; c'est ma faute, c'est ma faute, ma très-grande faute. C'est pourquoi je supplie la bienheureuse Marie, toujours Vierge, saint Michel Archange, saint Jean-Baptiste, les Apôtres saint Pierre et saint Paul, tous les Saints, et vous, mon Père, de prier pour moi le Seigneur notre Dieu.

Que Dieu tout-puissant nous fasse miséricorde, et que nous ayant pardonné nos péchés, il nous conduise à la vie éternelle.

Ainsi soit-il.

ACTES
DES VERTUS CHRÉTIENNES.

Acte d'Amour de Dieu.

 O mon divin **Jésus**, qui m'avez aimé jusqu'à mourir pour me racheter, et jusqu'à me nourrir de votre chair adorable, je vous aime de tout mon cœur et par-dessus toutes choses, je veux vivre et mourir dans votre saint amour.

Acte de Foi.

Mon Dieu, je crois fermement tout ce que la sainte Eglise catholique, apostolique et romaine m'ordonne de croire, parce que c'est vous, ô vérité infaillible, qui le lui avez révélé.

Acte d'Espérance.

Mon Dieu, j'espère avec une ferme confiance, que vous me donnerez, par les mérites de Jésus-Christ, votre grâce en ce monde, et si j'observe vos commandements, votre gloire dans l'autre; parce que vous me l'avez promis et que vous êtes souverainement fidèle dans vos promesses.

Acte d'Adoration.

Mon Sauveur et mon Dieu, je vous adore dans la sainte Eucharistie où vous êtes caché pour mon amour; je reconnais mon entière dépendance, et je vous rends hommage comme à mon Créateur, de qui je tiens tout ce que je suis et tout ce que je possède.

Acte de Contrition.

Mon Dieu, j'ai une extrême douleur de vous avoir offensé, parce que vous êtes infiniment bon et que le péché vous déplaît, je fais un ferme propos, moyennant votre sainte grâce, de ne plus vous offenser, et de faire pénitence.

Les Sacrements.

Il y en a sept : le Baptême, la Confirmation, la Péni-

tence, l'Eucharistie, l'Extrême-Onction, l'Ordre et le Mariage.

Les Vertus Théologales.

Il y en a trois : la Foi, l'Espérance et la Charité.

Les Vertus Cardinales.

Il y en a quatre : la Prudence, la Force, la Justice, et la Tempérance.

BENOIT XIII,

En 1729, a accordé cent ans d'indulgence, toutes les fois que l'on récitera dévotement cette prière à l'honneur de l'immaculée Conception de la Vierge Marie.

Bénie soit la Sainte et immaculée Conception de la bienheureuse Vierge Marie. A Jamais.

CHIFFRES.

0,   **1,**   **2,**   **3,**

zéro,   un,   deux,   trois,

4,   **5,**   **6,**   **7,**

quatre,   cinq,   six,   sept,

8,   **9,**   **10,**   **11,**

huit,   neuf,   dix,   onze,

12,   **13,**   **14.**

douze,   treize,   quatorze.

www.ingramcontent.com/pod-product-compliance
Lightning Source LLC
Chambersburg PA
CBHW071434060426
42450CB00009BA/2176